¿Quién se robó los colores?

by

Alister Ramírez Márquez, Ph. D.

Borough of Manhattan Community College
The City University of New York

Second Edition

WAYSIDE PUBLISHING

SUITE 5
11 Jan Sebastian Dr.
Sandwich MA 02563

(888) 302-2519

Acknowledgements

I would like to thank my wife Alicia Bralove, my children Richard and Alistair, and my adorable Beagle Darwin.

Se lo dedico a todos los maestros de español y a mis queridos colegas.
En memoria de la Dra.Olga Bralove.
M.D.

Dr. Alister Ramírez Márquez in also the author of *Reportaje a once escritores norteamericanos* (1996), *Mi vestido verde esmeralda* (2003, Second Edition 2006), winner of 2005 Best International Literary Prize by Critics Circle of Chile, *Andrés Bello: crítico* (2005), and his novel *Los sueños de los hombres se los fuman las mujeres* (2009). Ramírez Márquez taught Spanish in high school for more than ten years, and presently he teaches Spanish language and Hispanic American literature at Borough of Manhattan Community College, The City University of New York.

Illustrations by Martha Ruiz

ISBN 1-877653-72-1

PRINTED IN THE UNITED STATES

Contents

¿Quién se robó los colores?

This story is about the adventures of a butterfly-girl, Are, who travels through different kingdoms of colors. She is on a mission to restore the colors' power from the computer of an evil, greedy man, Taya, who tries to control the world out of idleness and boredom. Are's actions are constantly challenged, and in a confrontation with Taya, she emerges the victor.

Introduction

In the beginning of time, the first man, Sintana, sneezed. His body shook, and beautiful colored butterflies came out of his mouth, eyes, ears, nose and hands. These butterflies migrated to their respective monocolor kingdoms, except for one, Are, who got lost. She fell asleep and awakened to a world that was entirely dark and silent. Suddenly, she heard the deep voice of a snake who informed her of what had happened and explained to her that she had the power to make things right by saving the colors from Taya, a mean man who controlled the world from a computer terminal. The snake gives Are a magic yellow amethyst which will help and protect her. At the same time, the snake transforms her into a creature that resembles a girl.

Adventures

The first kingdom is green. Are meets a huge flying leaf, Victoria Regia, who transports her to the other color worlds. The next one is orange, where horses abound, and she makes a friend, Romulo, who helps her find her way. Then, the kingdom is violet, but unbeknownst to Are, it is Taya's territory.

Now, she is in the blue kingdom, where she ate forbidden food, which turned her into a blue-blooded black cat. Victoria Regia, Are's friend, becomes a prisoner. Martin helps to free both of them.

They are in the yellow kingdom, or desert, where Vicky dies from dehydration. Alone, Are proceeds to the final monocolor kingdom, which is red.

Conclusion

An army of hungry ants transports a sleeping Are underground, where this time she is saved by gushes of water. She arrives to Taya's world. Are finds him in a room full of mirrors, and he tries to trap her in his net. However, Are accesses the keyboard of a computer and the colors are all released. Every kingdom recovers its original beauty.

To the Instructor

¿Quién se robó los colores? may be used the second semester of Level I or Level II of Spanish. It is ideal for heritage speakers. Each of this reader's ten chapters contains prereading, reading and postreading exercises. There is emphasis on vocabulary in context, expressions, grammar and exercises. The vocabulary presents colors, body parts, the senses, and some names of animals and plants. The reader introduces present and preterite tenses for Level I, and imperfect and future tenses for Level II. Reflexive verbs are studied in chapter 5. Students will also be exposed to direct and indirect object pronouns, and commands.

The variety of structures is a combination designed to develop all language skills: reading, listening, speaking and writing. At the end of each chapter, students will have the chance to create their own story. The questions will encourage them to use the language in context, which means to utilize the vocabulary, idiomatic expressions, and structures already studied to communicate their own world. There is also an illustration for each chapter, which students can color according to the kingdom.

This Spanish reader is an enjoyable way to learn about myths. *¿Quién se robó los colores?* is based on a precolumbian myth: the origin of the first man on Earth. One should bear in mind that some characters' names and those of animals in the story are symbolic, for example:

Are: In the mythology of the Muzo Indians[1] Are was a

---

[1] The Muzos Indians fiercely and successfully resisted the Spanish attempts at conquest for almost 20 years, but in 1555 was partially subdued by Spanish under Luis Lanchero, who in the same year founded the town of Villa de Santísima Trinidad de los Muzos, at the foot of the Itoco Mountains, rich in emeralds. The Muzos were located in what is today the region of Boyacá, Colombia.

spirit or shadow that appeared in the beginning of the world. She was in a reclining position on the other side of the Magadalena River. She spent her time sculpting wooden figures of men and women. Then she would throw them into the river so that they would acquire vitality, reproduce and populate Muzo's earth. Once the earth was populated by the Muzos, Are's shadow disappeared.

Victoria Regia: An aquatic plant, which is believed to have the largest leaves in the world. It is found in the Amazon basin.

Taya: An agressive, poisonous snake that inhabits the western plains of Cundinamarca in Colombia.

Butterfly: Is a symbol of rebirth. It is also emblematic of the soul, light, life and transmutation.

Vulture: Represents the idea of the mother, nature, return, and death. It is the protective force or spiritual advisor.

Serpent: Energy, strength. Serpents have life-protecting powers and represent inmortality. In many cultures they are associated with the female image and fertility. In other cultures, they symbolize seduction, danger and betrayal. They have also been known to represent the guardian spirit of peoples' homes.

¿Quién se robó los colores? combines traditional elements of oral cultures, such as myths of the Kogi Indians from Sierra Nevada de Santa Marta in Colombia, and modern concepts such as an entire world on a computer screen. Students will relate more to the story because most of them spend a considerable amount of time in front of a computer.

¿Quién se robó los colores?
Capítulo I

El Nacimiento de las Mariposas

a. Vocabulario
Busque el significado de las palabras de la columna A y escoja la definición apropiada en la columna B.

A	B
a. Idioma	1. Insecto
b. Mariposa	2. Contrario de mujer
c. Hombre	3. Para ver
d. País	4. Muy grande
e. Tormenta	5. Para comer
f. Boca	6. Colombia
g. Ojos	7. Para oler
h. Nariz	8. Español
i. Mano	9. Eléctrica
j. Gigantesco	10. Para escribir

b. Palabras similares en español e inglés
Haga una lista de palabras parecidas en los dos idiomas del Capítulo I (*Nacimiento de las Mariposas*).

c. Expresiones
Estudie las siguientes oraciones:

En un país muy lejano	In a faraway land
Hablar el mismo idioma	To speak the same language
Con todo el corazón	With all one's heart
Olor a Arco Iris	The aroma of a rainbow
Todo fue luz	Everything was illuminated
Durante días enteros	For days at a time

d. Uso de verbos en contexto

Presente Indicativo (Verb to be)

	SER	ESTAR	TENER (to have)
Yo	soy	estoy	tengo
Tú	eres	estás	tienes
El-Ella-Usted	es	está	tiene
Nosotros/as	somos	estamos	tenemos
Vosotros/as	sois	estáis	tenéis
Ellos/as-Ustedes	son	están	tienen

Some Expressions with **tener** as verb to be
tengo veinte años
tengo calor en el restaurante
tengo mucho cuidado con las serpientes
tengo mucho frío en el teatro
tengo mucha hambre en clase
tengo mucho miedo a un león con hambre
tengo prisa cuando voy al trabajo
tengo razón/ no tengo razón
tengo mucha sed y pienso en agua fría
tengo sueño en el laboratorio
tengo suerte cuando Colombia gana un partido de fútbol

Para conjugar los verbos terminados en -AR (amar, hablar, etc), primera conjugación, se elimina -AR de la raíz y se añaden las terminaciones: -o, -as, -a, -amos, -áis, -an de acuerdo con el pronombre.

Para conjugar los verbos terminados en –ER (beber, comer, etc), segunda conjugación, se elimina –ER de la raíz y se añaden las terminaciones: -o, -es, -e, -emos, -éis, -en de acuerdo con el pronombre. Los terminados en –IR (escribir, vivir, etc), tercera conjugación, se elimina –IR de la raíz y se añaden las terminaciones: -o, -es, -e, -imos, -ís, -en de acuerdo con el pronombre.

Presente Indicativo de verbos regulares

AR **Hablar**	*ER* **Beber**	*IR* **Escribir**
Yo hablo	bebo	escribo
Tú hablas	bebes	escribes
El-Ella-Usted habla	bebe	escribe
Nosotros/as hablamos	bebemos	escribimos
Vosotros/as habláis	bebéis	escribís
Ellos/as-Ustedes hablan	beben	escriben

Completar los espacios en blanco con la siguiente lista de verbos. Por favor conjugue los verbos en Presente:

Atrapar	Deber
Buscar	Desaparecer
Brotar	Despertar
Confundir	Imaginar
Conocer	Intentar

Yo _____ muchas cosas, por ejemplo: de mis ojos _____ mariposas azules. Después yo _____ los insectos con mis manos. Yo _____ un jardín botánico con mariposas de todos los colores. Pienso que los chicos _____ visitar el jardín porque las mariposas _____ en el invierno. Cuando me _____ en las noches, veo bailar a las mariposas. Pero ellas se _____ con las otras y no puedo diferenciar sus colores. Mi madre _____ la lámpara e _____ despertarme pero no puede. Yo estoy dormido.

Verbos de cambio radical (Stem-changing verbs)

Los verbos de cambio radical en Presente Indicativo mantienen las terminaciones de la primera, segunda y tercera conjugaciones, pero a la vocal que se le pone la fuerza de la voz cambia al conjugar el verbo. Con nosotros y vosotros la vocal no cambia.

Presente Indicativo

	e–ie **Empezar**	o–ui **Volver**	e–i **Pedir**
Yo	empiezo	vuelvo	pido
Tú	empiezas	vuelves	pides
El-Ella-Usted	empieza	vuelve	pide
Nosotros/as	empezamos	volvemos	pedimos
Vosotros/as	empezáis	volvéis	pedís
Ellos/as-Ustedes	empiezan	vuelven	piden

Lista de verbos frecuentes de cambio radical

e–ie	o–ui	e–i
Cerrar	almorzar	decir
Comenzar	contar	repetir
Entender	dormir	seguir
Pensar	encontrar	
Preferir	poder (+infinitive)	
Querer	recordar	

e. Verbos en tiempo Pretérito

1. Lea *El Nacimiento de las Mariposas* (Capítulo I) y subraye los verbos regulares e irregulares en Pretérito (AR-ER-IR).

Para conjugar los verbos terminados en -AR (cantar) se elimina –AR de la raíz y se añaden las terminaciones: -é, -aste, -ó, -amos, -asteis, -aron de acuerdo con el pronombre. Para conjugar los verbos terminados en -ER/-IR (comer/vivir) se añaden las terminaciones: -í, -iste, -ió, -imos, isteis, ieron de acuerdo con el pronombre.

Pretérito verbos regulares

AR	ER	IR
Cantar	**Comer**	**Vivir**
Yo canté	comí	viví
Tú cantaste	comiste	viviste
El-Ella-Usted cantó	comió	vivió
Nosotros/as cantamos	comimos	vivimos
Vosotros/as cantasteis	comisteis	vivisteis
Ellos/as-Ustedes cantaron	comieron	vivieron

Algunos verbos irregulares en Pretérito

SER / IR		ESTAR	TENER
Yo	fui	estuve	tuve
Tú	fuiste	estuviste	tuviste
El-Ella-Usted	fue	estuvo	tuvo
Nosotros/as	fuimos	estuvimos	tuvimos
Vosotros/as	fuisteis	estuvisteis	tuvisteis
Ellos/as-Ustedes	fueron	estuvieron	tuvieron

2. Escriba diez oraciones en Pretérito. Use diferentes pronombres y los verbos del ejercicio e.

3. Conjugue la forma correcta del verbo en Pretérito:

a. Ayer yo _____ (conocer) el Museo Metropolitano.

b. Ana _____ (presenciar) la obra de teatro.

c. Los tulipanes _____ (brotar) en la primavera.

d. ¿Quién _____ (querer) a Julieta?

e. El bombero _____ (rescatar) las víctimas.

f. Juan y Alicia _____ (lograr) pasar el examen de biología.

g. Yo no _____ (confundir) las gemelas.

h. ¿Quién _____ (atrapar) la mariposa blanca?

i. Mi hermano _____ (pasear) mucho este verano.

j. ¿Quién _____ (encontrar) mis llaves?

El Nacimiento de las Mariposas

¿Quién se robó los colores?

Capítulo I

El Nacimiento de las Mariposas

En un país lejano, aún más lejano de lo que puedas imaginar, mucho antes que nosotros[1], cuando los humanos y los animales hablaban el mismo idioma, Sintana, el primer hombre, estornudó[2]. Fue un estornudo tan sonoro que desató tormentas, arrasó planetas, atemorizó a los Espíritus Arrugados de otras galaxias y hasta despertó a las Criaturas del Mundo de los Sueños.

Su cuerpo vibró, de tal manera[3], que de su boca brotaron muchas mariposas blancas; de sus ojos dos azules; de una oreja, gigantescas amarillas y de la otra, enanas anaranjadas; pequeñas mariposas rojas de su nariz; de la mano derecha cinco violetas, y de la izquierda otras cinco traviesas verdes.

Todas se confundieron con el cuerpo de Sintana[4]. Él se levantó y su olor a arco iris hizo que las mariposas formaran una trenza a su alrededor.

Todo fue luz[5].

---

[1] before we were born

[2] sneezed

[3] Sintana's body shook

[4] the butterflies surrounded Sintana's body

[5] Everything was illuminated

El primer hombre miró al infinito y la ondulante cinta voló al Reino de los Colores y ... así nacieron las mariposas. Pero la más brillante y alada de todas ellas, Are, no quería ir al reino de su color; ella deseaba, con todo su corazón, conocer el Universo Multicolor.

No obstante, en ese mismo instante[6], en cierto país, en cierta región, de cierta ciudad, el solitario Taya, sin perder detalle, presenció desde su pantalla el extraordinario acontecimiento: hacía varios siglos que soñaba con poseer el Reino, y fue así como, en ese momento, Taya logró atrapar a todos los colores en su pantalla[7].

Durante días enteros contemplaba, mezclaba y creaba nuevas tonalidades. Sin embargo, por más que intentó no consiguió apoderarse completamente del colorido imperio ya que faltaba un puntico[8]: el brillante color blanco.

---

[6] At the same time, in an unknown country

[7] now he had at last caught the colors in the computer screen

[8] he was missing a small but critical ingredient

f. Verdadero o Falso

Escribir V (verdadero) o F (falso) de acuerdo con la lectura del Capítulo I:

1. _____ El estornudo de Sintana despertó a las Criaturas del Mundo de los Sueños.
2. _____ De la boca de Sintana brotaron mariposas rojas.
3. _____ De una oreja de Sintana brotaron enanas amarillas.
4. _____ Cuando se levantó Sintana se formó una trenza color Arco Iris alrededor de su cuerpo.
5. _____ La ondulante cinta de colores voló al Reino Negro.
6. _____ La mariposa más brillante deseaba conocer el Universo Multicolor.
7. _____ Taya no presenció el extraordinario aconteimiento.
8. _____ Taya logró atrapar a todos los colores en la pantalla.
9. _____ Taya contemplaba, mezclaba y creaba nuevas tonalidades.
10. _____ No faltaba un puntico blanco.

g. Responda las siguientes preguntas:

1. ¿Quiénes hablaban el mismo idioma?
2. ¿Quién estornudó?
3. ¿Qué despertó a las Criaturas del Mundo de los Sueños?
4. ¿Qué brotó de la boca de Sintana?
5. ¿Qué salió de la oreja de Sintana?
6. ¿Y de la nariz, qué brotó?
7. ¿Cuáles son los colores del arco iris?
8. ¿Quién no quiso ir al Reino de los Colores?
9. ¿Quién era Taya?
10. ¿Qué hizo Taya?

h. Preguntas personales

Responda de acuerdo con su opinión:

1. ¿Qué diferencias hay entre los hombres y los animales?
2. ¿Cuál es su color favorito? ¿Por qué?
3. ¿Qué lugares del planeta Tierra le gustaría conocer?

i. Use la imaginación:

Dibujar, hacer un collage o recortar de una revista o un periódico una escena que ilustre, de acuerdo con su interpretación, el Nacimiento de las Mariposas.

¿Quién se robó los colores?

Capítulo II

La Serpiente

a. Vocabulario

Busque el significado de las palabras de la columna A y escoja la definición apropiada en la columna B.

A		B	
a.	Cabeza	1.	Vive el rey
b.	Reino	2.	Está en el cielo
c.	Nube	3.	Rápido
d.	Viajar	4.	Bonita
e.	Ágil	5.	Reptil
f.	Dorado	6.	Música
g.	Hermosa	7.	Cristal
h.	Transparente	8.	Color del oro
i.	Escuchar	9.	Encima de los hombros
j.	Serpiente	10.	Ir

b. Palabras similares en español e inglés

Haga una lista de palabras parecidas en los dos idiomas del CapítuloII (*La Serpiente*).

c. Expresiones

Estudie las siguientes oraciones:

Volvamos donde estaba antes	Let's get back on track
Erase que se era	Be that as it may
El bien que viniera para todos sea	May the good that comes be for everyone

El mal para quien lo fuera a buscar	Evil for those who go looking for it
¡Cállate que te calles!	Be quiet!, Be quiet!, Sh h h!
Tan pequeño como un garbanzo	As little as a pea
Afán por vivir el mundo	A desire to experience the world

d. Uso de verbos en contexto
Imperfecto

Para conjugar los verbos terminados en –AR (trabajar) se elimina –AR de la raíz y se añaden las terminaciones: -aba, -abas, -aba, -ábamos, -abais, -aban de acuerdo con el pronombre. Por ejemplo: Yo traba*jaba* todos los veranos en la playa.

Para conjugar los verbos terminados en -ER/-IR se elimina –ER/-IR de la raíz (correr/vivir) y se añaden las terminaciones: -ía, -ías, -ía, -íamos, -íais, -ían de acuerdo con el pronombre. Por ejemplo: Con frecuencia cor*ría* por la mañana. Cuando viv*ía* en Cali ju*gaba* fútbol.

Verbos regulares

AR **Trabajar**	*ER* **Correr**	*IR* **Vivir**
Yo trabajaba	corría	vivía
Tú trabajabas	corrías	vivías
El-Ella-Usted trabajaba	corría	vivía
Nosotros/as trabajábamos	corríamos	vivíamos
Vosotros/as trabajabais	corríais	vivíais
Ellos/as trabajaban	corrían	vivían

El Imperfecto expresa por lo general acciones repetidas, habituales, o simultáneas. Además se usa para describir en el pasado, la hora y la edad de una persona. Por ejemplo:

Simón Bolívar era un general. El era venezolano.

Eran las tres de la tarde cuando Bolívar murió en Santa Marta, Colombia.

Bolívar tenía cuarenta y siete años cuando murió.

Las expresiones más comunes para usar el Imperfecto son:

- A menudo
- Con frecuencia
- De costumbre
- De vez en cuando
- Generalmente
- Normalmente
- Siempre
- Todos los días

Por ejemplo:

Todos los días tocaba el piano.

Siempre leía en clase *¿Quién se robó los colores?*

Completar los espacios en blanco con la siguiente lista de verbos. Por favor conjugue los verbos en Pretérito, Imperfecto use el infinitivo:

Cubrir	Mentir
Encontrar	Mover
Reír	Salvar
Dormir	Escuchar
Gritar	Callarse

Ayer _____ una serpiente en el patio de mi casa y no me _____. Me _____ la cara con mis manos y

_____ de horror. Nadie me podía _____ porque mientras mi papá _____ en el sofá mi madre _____ música clásica. Mis padres se _____ y, _____ porque todo era una broma. La serpiente era de plástico. Entonces yo me _____.

e. Verbos en tiempo Pretérito

1. Lea La Serpiente y subraye los verbos regulares e irregulares en Pretérito (-AR/-ER/-IR).

2. Escriba cinco oraciones en Pretérito y cinco en Imperfecto. Use la lista de verbos del ejercicio 1 de la parte e.

3. Conjugue la forma correcta del verbo en Pretérito:
   a. Las águilas _____ (volar) muy alto.
   b. El oso _____ (dormir) todo el invierno.
   c. ¿Cuándo te _____ (despertar)?
   d. Los ladrones se _____ (robar) el diamante.
   e. Tú y yo _____ (escuchar) salsa.
   f. El capitán _____ (gritar) a los marineros.
   g. La astronauta _____ (cubrir) su cara con la máscara.
   h. Nosotros no _____ (vivir) en Bogotá.
   i. ¿Quién _____ (mentir) el lobo o Caperucita?
   j. Yo no _____ (contemplar) las estatuas feas.

¿Quién se robó los colores?

Capítulo II

La Serpiente

Volvamos donde estaba Are. Ella voló, voló y siguió volando. En su viaje, en lugar de encontrar[1] el infinito mundo Blanco, Azul, Amarillo, Anaranjado, Rojo, Violeta y Verde, halló una nube negra; los colores habían desa-

---

[1] instead of finding

parecido. La mariposa creyó que debería dormir, pues todo era oscuridad[2]. Cuando despertó todo seguía igual, excepto una voz dorada que cantando le decía[3]:

Érase que se era
el bien que viniera
para todo sea,
y el mal para quien lo fuera a buscar...
¿Quién eres? —preguntó Are atolondrada[4].
¡Cállate que te calles![5]
Érase que se era,
el Reino de los Colores.
El bien que viniera para todos sea.
Un hombre solitario robó todo lo hermoso que era[6].
Contestó la voz.

—Oiga, mi nombre es Are; acérquese porque no la puedo escuchar muy bien. Únicamente quiero pasear por el Reino de los Colores.

Entonces de la bruma surgió la cabeza monumental de una serpiente. Tenía un ojo transparente que contrastaba con su piel oscura[7]; una lengua pepeada[8], que se movía tan rápidamente que no se le veía y un lunar verde, que se agrandaba cuando se reía[9].

Con su canto continuó:

Érase que se era,
y si tú estás aquí
es para salvar todo lo que viniera.

---

[2] it was best to sleep in the midst of such darkness

[3] golden voice which chanted to her

[4] afraid

[5] be quiet

[6] a lonely man stole the colors

[7] she only had one transparent eye that contrasted with her dark skin

[8] spotted tongue

[9] that got bigger when she laughed

—¿Qué debo hacer? —gritó la asombrada mariposa[10].

Harás, Are, un viaje,
porque eres la que era.
Cruzarás selvas, llanuras, pantanos,
mares, desiertos y montañas
para rescatar a todos los colores,
atrapados en la esfera estelar,
que al astuto Taya le encanta contemplar[11],
y el mal, para quien lo fuera a buscar.

—Pero sin luz no puedo encontrar a Taya, Señora
Serpiente, a usted apenas la puedo ver[12] —dijo tímida-
mente Are.

¡Cállate que te calles!
Esta piedra amarilla
hará luz cuando calles
y muchos amigos
encontrarás cuando desfalles...[13]
—Musitó el reptil.
...Y de su canto dorado brotó una amatista del tamaño de
un garbanzo[14].

Cuando desaparezca
te convertirás en otro ser.

Érase que se era,
la única forma de sobrevivir
es mentir,
ya que si dices quien eres
no vas a poder seguir[15].

---

[10] shouted the startled butterfly
[11] that the clever Taya liked to
  contemplate
[12] I can hardly see you

[13] you will find when you can't
go on anymore
[14] the size of a pea
[15] you aren't going to be able to
go on

La serpiente se esfumó[16]. Se escuchó el último "Érase que se era..." y Are era una niña. Sus piernas, dedos y cuello eran largos, suaves, ágiles y de movimientos incontrolables. Su cabello lacio cubría la curiosa mirada de la niña; llevaba una túnica blanca, y afán por vivir el mundo[17].

---

[16] the snake disappeared
[17] wanted to explore the world

f. Verdadero o Falso

Escribir V (verdadero) o F (falso) de acuerdo con la lectura del Capítulo II:

1. _____ Are voló y encontró el Reino de los Colores.
2. _____ Are halló una nube verde.
3. _____ Un hombre solitario robó todos los colores.
4. _____ Are pudo escuchar bien a la serpiente.
5. _____ La serpiente tenía dos ojos rojos.
6. _____ El lunar de la serpiente era amarillo.
7. _____ La serpiente le da una misión a Are.
8. _____ La serpiente le da una amatista a Are para viajar.
9. _____ La amatista es del tamaño de un fríjol.
10. _____ La mariposa se convirtió en una niña.

g. Responda las siguientes preguntas:

1. ¿Qué encontró Are en su viaje?
2. ¿Qué quería hacer Are?
3. ¿Cómo era la serpiente?
4. ¿Cuántos ojos tenía la serpiente?
5. ¿De qué color era el lunar de la serpiente?
6. ¿Por dónde viajaría Are?
7. ¿Qué era la piedra amarilla?
8. ¿De qué tamaño era la amatista?
9. ¿En qué se transformó Are?
10. Describa el cuerpo de Are.

h. Preguntas personales
Responda de acuerdo con su opinión:

1. ¿Qué animales le producen terror?
2. ¿Cuál es su piedra favorita?
3. Describa su cara y cuerpo.

i. Use la imaginación:
Dibujar, hacer un collage o recortar de una revista o un periódico una escena que ilustre, de acuerdo con su interpretación, La Serpiente.

¿Quién se robó los colores?

Capítulo III

El Reino Verde

a. Vocabulario

Busque el significado de las palabras de la columna A y escoja la definición apropiada en la columna B.

	A		B
a.	Verde	1.	Para dormir
b.	Colchón	2.	En la piel
c.	Delfín	3.	Del árbol
d.	Gusano	4.	Contrario a frío
e.	Hoja	5.	Angustiado
f.	Lunar	6.	Suave
g.	Alegre	7.	Contento
h.	Caliente	8.	Tiene muchas patas
i.	Blando	9.	Color
j.	Desesperado	10.	Mamífero inteligente

b. Palabras similares en español e inglés

Haga una lista de palabras parecidas en los dos idiomas del Capítulo III (*El Reino Verde*).

c. Expresiones

Estudie las siguientes oraciones:

Dejar el rastro	To leave a trace
Manada de ovejas	A flock of sheep
Más grande que un elefante	Bigger than an elephant
Blanda como un colchón de agua	As soft as a water bed
Con lágrimas de felicidad	With tears of joy

Imitar a los mayores	To imitate one's elders
Gritos desesperados	Desperate cries

d. Uso de verbos en contexto

Completar los espacios en blanco con la siguiente lista de verbos. Use Pretérito:

Cantar
Celebrar
Chupar
Dejar
Despedir
Esperar
Girar
Jugar
Rogar
Tropezar

Mientras mi madre _____ mi cumpleaños, mi hermano _____ la "cucaracha". Yo _____ un helado de vainilla. Mis amigos _____ baloncesto en la cancha, pero Alberto _____ mal en su pie, _____ y se fracturó su tobillo. Yo _____ para que mi fiesta continuara. Entonces mis amigos _____ la pelota en el garaje y se _____. Cada año _____ mi cumpleaños pero sin el juego de baloncesto.

e. Gerundio
Presente
Para los verbos terminados en AR se forma de la siguiente manera:
ESTAR (Presente)+VERBO+ANDO. Por ejemplo:
Empezar (se suprime AR y se agrega la terminación ANDO). – Empez<u>ando</u>
Yo estoy empez<u>ando</u> el año escolar.
Para los verbos terminados en ER-IR se forma de la siguiente manera:

ESTAR+VERBO+IENDO. Por ejemplo:
   Comer–Comiendo/Vivir–Viviendo
   Felipe está comiendo en la cafetería.
   Ella y Juan están viviendo en Alaska.

Algunos gerundios irregulares son:

Creer	Creyendo
Dormir	Durmiendo
Ir	Yendo
Leer	Leyendo
Pedir	Pidiendo
Morir	Muriendo
Oír	Oyendo
Traer	Trayendo

1. Lea El Reino Verde y subraye los verbos regulares conjugados en gerundio (Presente).

2. Escriba diez oraciones en gerundio (Presente). Use la lista de verbos del ejercicio 1 de la parte e.

3. Conjugue la forma correcta del verbo en gerundio:

   a. Nosotros estamos _____ (jugar) con los perros.
   b. Las abejas están _____ (chupar) el néctar de las flores.
   c. Yo estoy _____ (divisar) el mar.
   d. ¿A quién estás _____ (esperar) en el hotel?
   e. Ella _____ _____ (llevar) la carne a la nevera.
   f. ¿Por qué _____ _____ (bailar) sola?
   g. No estamos _____ (cantar).
   h. Estamos _____ (celebrar)
   i. ¿Con quién estás _____ (regresar)?
   j. Yo _____ _____ (sacar) la piedra del agua.

El Reino Verde

¿Quién se robó los colores?

Capítulo III

El Reino Verde

La infante empezó a seguir el rastro[1] que dejó el sudor del lunar verde de la serpiente. Ella encontró en su camino narcisos silvestres[2], los chupó y a lo lejos divisó el río mas grande del mundo. Allá jugaba un banco de delfines rosados[3] y uno de ellos le dijo:

—Tú debes ser Are. Vicky te está esperando bajo ese árbol de caucho.

Ella giró y tropezó con una hoja más grande que un elefante y tan blanda como un colchón[4].

—¡Hey!, mi nombre es Vicky Regia. Ya sé adonde tengo que llevarte, súbete.

La niña, de un brinco, se sentó sobre la hoja[5] y los delfines despidieron a sus dos amigas con lágrimas rosadas de felicidad[6].

Vicky la llevó al Reino Verde. Are bailaba de alegría al compás de tambores, que se escuchaban a lo lejos.

—Yo quiero ir a esa fiesta —dijo la pequeña cantando.

—Pero tenemos prisa y el agua cada vez está más fría —replicó la hoja.

—Sólo deseo bailar.

---

[1] Are began to follow traces of the snake
[2] wild narcissus flowers
[3] a school of pink dolphins
[4] as soft as a velvet mattress,
[5] Are jumped and landed right on the leaf
[6] the dolphins held back their pink tears

—Bueno, pero recuerda que no puedes decir quien eres.

Are siguió el sonido de los instrumentos y halló a un grupo de niños, con máscaras y vestidos con cortezas de árbol[7], quienes danzaban imitando a sus mayores. Únicamente un niño, Puy, la vio y le ofreció casabe, carne de monte y de postre un gusanito mojojoy[8].

—Gracias, prefiero el néctar de las flores. ¿Qué están celebrando?

—Estamos rogándole a nuestro dios Verde que no se opaque el color del Reino.

Entonces la pequeña recordó su misión y regresó corriendo donde estaba su compañera. Allí sacó la piedra amarilla con prisa[9], y apretándola en sus manos deseó que su amiga Vicky volara.

Desde las alturas se escuchaban los gritos desesperados de la hoja, pues sufría de vértigo[10]. Así fue como dejaron a Puy y a su familia. Al mismo tiempo que abandonaban el Reino, en donde todo había sido verde, penetraron en el Reino Anaranjado.

---

[7] a group of children wearing masks and dressed in tree bark

[8] worm pie

[9] she took out the yellow stone quickly

[10] she suffered from vertigo

f. Verdadero o Falso

Escribir V (verdadero) o F (falso) de acuerdo con la lectura del Capítulo Tercero:

1. _____ Are encontró flores en el camino.
2. _____ La niña vio el río más pequeño del mundo.
3. _____ Los delfines eran amarillos.
4. _____ Vicky era enemiga de Are.
5. _____ Vicky era una hoja más grande que un elefante.
6. _____ Are bailaba de alegría al compás de una guitarra.
7. _____ La niña y la hoja fueron al baile.
8. _____ Puy le ofreció bananos a Are.
9. _____ A la niña le gustaba el néctar de las flores.
10. _____ La hoja sufría de vértigo.

g. Responda las siguientes preguntas:

1. ¿Qué tipo de flores encontró Are en el camino?
2. ¿Qué divisó Are a lo lejos?
3. ¿Que había en el río?
4. ¿Qué es un árbol de caucho?
5. ¿Quién es Vicky Regia?
6. ¿Por qué bailaba Are?
7. ¿Por qué no puede decir Are quién es?
8. ¿Cómo estaban vestidos los niños del Reino Verde?
9. ¿Qué le ofreció Puy de comida a Are?
10. ¿Qué estaban celebrando en el Reino Verde?

h. Preguntas personales

Responda de acuerdo con su opinión:

1. ¿Qué hace usted si está solo/a en una selva y no tiene comida ni agua?
2. ¿Cuál es su planta, flor o árbol favorito/s?
3. ¿Qué fiestas celebra con su familia?

i. Use la imaginación:

Dibujar, hacer un collage o recortar de una revista o un periódico una escena que ilustre, de acuerdo con su interpretación, El Reino Verde.

¿Quién se robó los colores?

Capítulo IV

El Reino Anaranjado

a. Vocabulario

Busque el vocabulario de las palabras de la columna A y escoja la definición apropiada en la columna B.

A	B
a. Caballo	1. Padre de mi padre
b. Relinchar	2. Saltar
c. Enlazar	3. Tirar el lazo
d. Descolorido	4. Lo contrario de Oriente
e. Abuelo	5. Fruta
f. Occidente	6. Autoridad
g. Naranja	7. Héroe
h. Habitante	8. Animal
i. Rey	9. Ciudadano
j. Valiente	10. Sin color

b. Palabras similares en español e inglés

Haga una lista de palabras parecidas en los dos idiomas del Capítulo IV (*El Reino Anaranjado*).

c. Expresiones

Estudie las siguientes oraciones:

Llanura interminable	A never ending plain
Cara descolorida	A very pale face
Más allá de las montañas	Beyond the mountains

Mirar curiosamente	To look with curiosity
Somos los últimos habitantes	We are the last inhabitants
¡Qué más quisiera yo!	How I wish I could!
Naranjos tan altos como el sol	Orange trees as tall as the sun

d. Verbos en Pretérito

Subraye los verbos regulares e irregulares en Pretérito.

e. Uso de verbos en contexto

1. Completar los espacios en blanco con la siguiente lista de verbos. Use Presente o Pretérito.

Acercarse
Agregar
Contar
Enlazar
Ir
Marchar
Relinchar
Querer
Saber
Ser

Mi abuelo tiene un establo con diez caballos. El les da agua y le _____ un poco de sal. Entonces ellos se_____ muy contentos. Durante las vacaciones _____ a su rancho. El año pasado él me _____ que _____ varios potros en la llanura. Yo _____ pero no pude. Los animales _____ y corren cuando me _____. No _____ de caballos. Mi abuelo _____ muy valiente.

2. Escriba diez oraciones en Presente. Use la lista de verbos del ejercicio 1 de la parte e.

3. Conjugue la forma correcta del verbo en Presente:

a. Yo no _____ (enlazar) las vacas.

b. No me gusta cuando mi caballo _____ (relinchar).

c. Los niños no se _____ (acercarse) a los leones del zoológico.

d. Ramón _____ (contar) chistes pesados.

e. El general se _____ (marcharse) con sus tropas.

f. Ustedes _____ (ser) los últimos de la cola.

g. ¿Quién de ustedes _____ (saber) montar a caballo?

h. Ella _____ (querer) una naranjada, por favor.

i. ¿Por qué me _____ (interrogar) usted?

j. ¿Dónde _____ (quedar) el restaurante?

El Reino Anaranjado

¿Quién se robó los colores?

Capítulo IV

El Reino Anaranjado

Unos caballos relinchaban en una llanura interminable[1] y Rómulo jugaba a enlazar a un pequeño potro descolorido. Are se acercó y lo interrogó:

—¿Por dónde se va al Reino Violeta?

—Yo no sé, pero mi abuelo me contó que por el Occidente, más allá de esas montañas, queda ese país[2]. ¿Me llevas con toda mi familia? —agregó Rómulo.

Are lo miró curiosamente.

—Nos queremos ir, porque las naranjas perdieron su color[3]. Somos los últimos habitantes de este Reino; ya se marchó hasta el rey.

—¡Que más quisiera yo![4], sé que eres valiente. Recuérdame cuando los naranjos estén tan altos como el sol[5]. Adiós.

—Hasta luego niña —dijo Rómulo con desconsuelo.

---

[1] Some horses were galloping in a never ending plain

[2] that country is beyond those mountains

[3] the oranges have lost their color

[4] I wish I could

[5] remember me when the orange trees are so tall that they almost reach the sun

f. Verdadero o Falso

Escribir V (verdadero) o F (Falso) de acuerdo con la lectura del Capítulo IV:

1. _____ Unos caballos relinchaban en una montaña.
2. _____ Rómulo jugaba con un potro descolorido.
3. _____ Are quería saber cómo se iba al Reino Rojo.
4. _____ El Reino Violeta estaba más allá de las montañas.
5. _____ Rómulo quería viajar con su familia.
6. _____ Las naranjas eran muy anaranjadas.
7. _____ El rey se quedó en el Reino.
8. _____ Are no pudo llevar a Rómulo y a su familia.
9. _____ Rómulo estaba alegre.
10. _____ Are viajó al reino Violeta.

g. Responda las siguientes preguntas:

1. ¿Dónde relinchaban los caballos?
2. ¿A qué jugaba Rómulo?
3. ¿Por dónde se va al Reino Violeta?
4. ¿Qué le contó el abuelo a Rómulo?
5. ¿Por qué Rómulo deseaba irse con su familia?
6. ¿De qué color eran las naranjas?
7. ¿Quiénes eran los últimos habitantes del Reino Anaranjado?
8. ¿Por qué se marchó el rey?
9. ¿Era Rómulo un chico valiente? ¿Por qué?
10. ¿Cuál era el próximo Reino?

h. Preguntas personales

Responda de acuerdo con su opinión:
1. Describa su fruta favorita.
2. ¿Cómo se llaman sus abuelos?
3. ¿Cuántas personas hay en su familia?

i. Use la imaginación:

Dibujar, hacer un collage o recortar de una revista o un periódico una escena que ilustre, de acuerdo con su interpretación, El Reino Anaranjado.

¿Quién se robó los colores?

Capítulo V

El Reino Violeta

a. Vocabulario

Busque el significado de las palabras de la columna A
y escoja la definición más apropiada en la columna B.

A	B
a. Llover	1. Tiene frutos y hojas
b. Árbol	2. Contrario de seco
c. Viento	3. Para regar las plantas
d. Húmedo	4. Están en la cabeza
e. Piel	5. Ruido fuerte
f. Granizo	6. Parte exterior del cuerpo
g. Regadera	7. Están en la boca
h. Piojos	8. Soplar
i. Estruendo	9. Granos de hielo
j. Colmillos	10. Gotas de agua

b. Palabras similares en español e inglés

Haga una lista de palabras parecidas en los dos idiomas
del Capítulo V (*El Reino Violeta*).

c. Expresiones

Estudie las siguientes oraciones:

El viento no paraba de soplar	The wind did not stop blowing
Fango húmedo	Wet mud
Reír burlonamente	To laugh at, to make fun of
Sacar piojos	To remove lice

Formar un coro estruendoso	To make a loud chorus
El amo de los computadores	The computer master
Poder maléfico	Evil power
Marcharse feliz con la pesca	To delight in one's victory
Soltar una carcajada	To burst out laughing

d. Verbos reflexivos

Subraye los verbos reflexivos del Capítulo V.

Los verbos reflexivos se forman agregando SE al final del verbo en infinitivo. Por ejemplo: cepillarse

Ana se cepilla los dientes por la mañana.

Joaquín se lava las manos antes de comer.

Yo me miro al espejo.

Lista de verbos reflexivos usados con más frecuencia. Entre paréntesis se indica el cambio radical en la conjugación:

Acostarse	to go to bed
Afeitarse	to shave
Cepillarse (el pelo,los dientes)	to brush (one's hair, teeth)
Darse prisa	to hurry up
Desayunarse	to eat breakfast
Despertarse (ie)	to wake up
Divertirse (ie,i)	to have a good time
Dormirse (ue,u)	to fall asleep
Ducharse	to take a shower
Lavarse (las manos, el pelo) los dientes)	to wash (one's hands, hair, to brush one's teeth)
Maquillarse	to put on makeup
Peinarse	to comb one's hair

Ponerse	to put on (clothing, shoes, jewelry)
Quedarse	to stay, to remain
Sentarse (ie)	to sit down
Vestirse (i,i)	to get dressed

Los verbos reflexivos se conjugan con los pronombres reflexivos:

Presente	*Pretérito*	*Imperfecto*
Yo <u>me</u> cepillo	<u>me</u> cepillé	<u>me</u> cepillaba
Tú <u>te</u> cepillas	<u>te</u> cepillaste	<u>te</u> cepillabas
El-Ella-Usted <u>se</u> cepilla	<u>se</u> cepilló	<u>se</u> cepillaba
Nosotros/as <u>nos</u> cepillamos	<u>nos</u> cepillamos	<u>nos</u> cepillabamos
Vosotros/as <u>os</u> cepilláis	<u>os</u> cepillasteis	<u>os</u> cepillabais
Ellos/as-Ustedes <u>se</u> cepillan	<u>se</u> cepillaron	<u>se</u> cepillaban

e. Uso de verbos en contexto

1. Completar los espacios en blanco con la siguiente lista de verbos. Use Pretérito, Imperfecto o verbos reflexivos:

Marcharse
Partir
Llover
Soplar
Avisar
Aterrizar
Esconderse
Arrancarse
Recoger
Escurrirse

Mientras en las montañas _____ en el desierto hacía sol. Los rayos _____ los techos de las casas y yo corría como un loco. Anoche el avión no _____ porque el viento _____ hasta las seis de la mañana. Yo me _____ los pantalones y la camisa. Mi perro se _____ debajo de la cama al escuchar la tormenta. Yo le _____ a los bomberos pero nadie vino. Mis vecinos se _____ una semana antes de la lluvia y yo no _____ las piedras que ellos depositaron en la calle. No pude contener mi rabia y me _____ el pelo.

2. Escriba diez oraciones con TENER + QUE + INFINITIVO. (Tengo que cantar). Use la lista de verbos del ejercicio 1 de la parte e.

3. Conjugue la forma correcta del verbo reflexivo en Pretérito:

a. Darío ____ _____ (escurrirse) el pelo en la ducha.
b. No ____ _____ (reírse) de mi, por favor.
c. Nosotros ____ _____ (esconderse) debajo del agua.
d. Usted y María ____ _____ (marcharse) muy tarde.
e. Ella ____ _____ (estirarse) la falda.
f. El dentista ____ _____ (arrancarse) dos dientes.
g. Ellos ____ _____ (burlarse) del gato.
h. Tú y Ester____ _____ (lamentarse) por el accidente.
i. El peluquero____ _____ (hacerse) un corte de cabello.
j. ¿Por qué ____ _____ (mojarse) usted la cara?

El Reino Violeta

¿Quién se robó los colores?

Capítulo V

El Reino Violeta

La niña y la hoja viajaron más allá de las montañas. En aquel lugar llovía constantemente, los rayos partían árboles y el viento no cesaba de soplar[1]. Ellas aterrizaron en el fango húmedo de la región.

Al mismo tiempo que Vicky se lamentaba por las perforaciones en su piel, causadas por el granizo, la infante, quien parecía una regadera[2] porque le salía agua de todo su cuerpo, la consolaba escurriéndola con cuidado. Dos muchachitas al ver tal escena rieron burlonamente.

—No se rían de mí, ¿por qué no me ayudan? —dijo Are—. ¿Y ustedes, qué están haciendo?

—Mi hermanita me está sacando los piojos[3] —contestó la niña de color violeta.

Are y Vicky soltaron una carcajada aún mayor[4]...

—No se burlen de mí —gritó la muchachita de los piojos.

Pero la pequeña continuó riendo y después de un segundo las dos hermanitas formaron un coro estruendoso de risas con Are y Vicky Regia. De esta manera todas ellas se hicieron amigas.

De igual manera Taya, el amo de los computadores, seguía desde el Salón de las Imágenes el vuelo de Are. El estaba esperando ansiosamente que ella pisara el Reino

---

[1] the wind never stopped blowing

[2] Are, who looked like a sprinkler

[3] my sister is removing my lice

[4] they had a good chuckle over this

Violeta[5], ya que en aquel lugar tenía un aliado: Jaibaná, quien podía verla gracias a sus poderes maléficos.

Jaibaná sintió la tibia presencia[6] y las encontró buscando monedas en el agua, junto con sus dos amigas, las muchachitas de color violeta. La piojosa[7], llamada Violeta del Mar, advirtió la llegada del hombre y apresuradamente le avisó a Are sobre el peligro. La niña se escondió en una inmensa ostra, pero Jaibaná la atrapó y se marchó feliz con su pesca[8].

Las dos cómplices de Are despertaron a Vicky, quien tomaba el sol. Le narraron lo sucedido. Entonces la hoja más grande que un elefante voló a rescatarla y la encontró momificada en su propio cabello[9]. Jaibaná excitadamente cantaba:

Tendré que esperar
esperar no mucho.
De un huevo salió una larva,
de una larva una oruga,
de una oruga una ninfa[10]...
Tendré que esperar
esperar no mucho.
Capullo de seda
blanca mariposa me concedas[11].

---

[5] He was impatiently awaiting Are's arrival to the Violet Kingdom.

[6] Jaibaná detected a lukewarm presence

[7] the lice-infested girl

[8] cought her anyway, and he kidnapped her

[9] Are had been mummified in her own hair

[10] watching an egg turn into a larva, then to see the larva grow. The larva soon leaves as if in a race to make room for pupa's place.

[11] you are going to be a white butterfly.

Are, era ya casi una mariposa cuando la temerosa Vicky, aprovechando la distracción del brujo, estiró temblorosamente su tallo desde la ventana para recoger la piedra amarilla de Are. La amatista estaba a pocos centímetros de la niña. Luego la hoja la depositó en los labios de Are.

De repente, Are deseó ser libre y su cabello desató una tormenta que destrozó la madera, los menjurjes y las palmas que cubrían el tambo[12]. Jaibaná voló por los aires y nunca nadie supo más de él.

Taya, de la rabia, se arrancó sus prolongados colmillos[13] y gritó desde el Salón de las Imágenes:

—Jamás pensé que una hoja estúpida pudiera entorpecer mi plan para agarrar a Are. ¡Me las pagarán ingenuas babosas, ya verán![14]

---

[12] Are wanted to break away, so she detangled the hair, which set off a storm that destroyed wood, potions and palm trees that had covered the hut.

[13] he tore out his own fangs

[14] Are and the leaf will pay dearly for this.

f. Verdadero o Falso

Escriba V (verdadero) o F (falso) de acuerdo con la lectura del Capítulo V. Explique en una frase por qué es falso:

1. _____ En el Reino Violeta no llovía.
2. _____ Are y Vicky aterrizaron en el desierto.
3. _____ La hoja tenía perforada la piel por el granizo.
4. _____ Are pidió ayuda a las hermanitas.
5. _____ Una niña peinaba a su hermana.
6. _____ Jaibaná era enemigo de Taya.
7. _____ Are estaba buscando perlas en el mar.
8. _____ Are se escondió en un barco.
9. _____ Are quedó momificada en su propio cabello.
10. _____Vicky puso la amatista en la mano de Are.

g. Responda las siguientes preguntas:

1. ¿Dónde estaba el Reino Violeta?
2. ¿Cómo era el Reino?
3. ¿ Qué le paso a Vicky cuando llegaron al Reino?
4. ¿Quiénes eran las piojosas?
5. ¿Quién era Jaibaná?
6. ¿Qué le pasó a Are después que Jaibaná la atrapó?
7. ¿Quién ayudó a Are a liberarse de Jaibaná?
8. ¿Cómo murió Jaibaná?
9. ¿Por qué Taya se enfureció?
10. ¿Qué le hará Taya a Are y a la hoja?

h. Preguntas personales
Responda de acuerdo con su opinión:

1. ¿Cómo conoció a su mejor amigo/a?
2. Si su amigo tiene un problema, ¿cómo lo ayudaría?
3. ¿Qué pasará en el próximo Reino?

i. Use la imaginación:

Dibujar, hacer un collage o recortar de una revista o un periódico una escena que ilustre, de acuerdo con su interpretación, El Reino Violeta.

¿Quién se robó los colores?

Capítulo VI

El Reino Azul

a. Vocabulario

Busque el significado de las palabras de la columna A y escoja la definición más apropiada en la columna B.

A		B	
a.	Rey	1.	Contrario de muerte
b.	Amanecer	2.	Soldado
c.	Preocupación	3.	Pocas casas
d.	Vida	4.	Contrario de anochecer
e.	Sangre	5.	Líquido que circula por el cuerpo
f.	Trampa	6.	Para el frío
g.	Guerrero	7.	Para atrapar animales
h.	Aldea	8.	Pensativo
i.	Sombra	9.	Emperador
j.	Manta	10.	La sombrilla sirve para dar eso.

b. Palabras similares en español e inglés.

Haga una lista de palabras parecidas en los dos idiomas del Capítulo VI (*El Reino Azul*).

c. Expresiones

Estudie las siguientes oraciones:

Dar la bienvenida	To welcome
Se nota gran preocupación	To notice

Probar la sustancia prohibida	To taste the forbidden fruit
Masticar hasta saciarse	Chew to one's heart's content
La presa cae en su trampa	The victim fell into her trap
No beberás ni una gota de agua	You will not drink even a single drop of water
Semiseca y carcomida	Dried out and lifeless
Contestar al unísono	Answered in unison

d. Complementos directos e inderectos

Subraye los complementos directos (lo/s, la/s) e indirectos (le/les) en la lectura del Reino Azul.

Complementos directos

me	nos
te	os
lo	los
la	las

Complementos indirectos

me	nos
te	os
le	les

Lo (neutro)/la: en muchas regiones de Hispanoamérica se usa lo y la para referirse a personas. Lo como pronombre neutro puede sustituír a una preposición, adjetivo o cláusula subordinada.

Por ejemplo: García Márquez es un buen escritor. Él lo es.
Isabel Allende es novelista. Ella lo es.

Le/les: se usa en algunas regiones de España para referirse a personas.
Por ejemplo: Ella le compra una camisa azul.
Él le vende una gata a Ester.

Los pronombres directos e indirectos se ponen antes del verbo conjugado:
Llevo libros. Los llevo.   Les vendo mi guitarra.

Cuando hay un complemeto directo e indirecto en la misma oración, el complemento indirecto siempre precede al directo. Por ejemplo:

Él <u>me</u> da una <u>naranja</u>.
(CI)

Él <u>me</u> <u>la</u> da.
(CI)(CD)

Cuando hay dos complementos en tercera persona (le, la/s, lo/s), el complemento indirecto se cambia por <u>SE</u>. Por ejemplo:

Yo <u>le</u> llevo <u>un regalo</u> a Beatriz.
(CI)

Yo <u>se</u> <u>lo</u> llevo.
(CD)

Ellos <u>le</u> muestran el jardín a Silvia.
Ellos <u>se</u> <u>lo</u> muestran.

e. Uso de verbos en contexto.

1. Completar los espacios en blanco con la siguiente lista de verbos. Use el Pretérito o el Imperfecto:

Llevar
Divisar
Abrazar
Mostrar
Caerse
Coser
Masticar
Ocultar
Beber
Acercarse

Ayer, antes de salir para la escuela, _____ a mi gato. Cuando subí al bus _____ mi casa desde la ventana. A la vez que _____ mi mochila en mis piernas, tenía mi calculadora en la mano. Mi amigo me _____ la tarea de español. En el bus la música sonaba y otra amiga hacía algo extraño: _____ sus calcetines. Yo jugaba mientras _____ chicle. Cuando llegamos a la escuela mi amiga se _____ y se lastimó la rodilla. Entonces yo me _____ y ella _____ de mi botella y murmuró: gracias. Yo _____ mi sorpresa porque era mi chica favorita.

2. Escriba cinco preguntas y sus cinco respuestas usando el objeto directo e indirecto. Por ejemplo:

-¿Quién la abrazó?   ¿Qué le llevó de regalo?
-Me abrazó su madre   Me llevó una gata

3. Use el pronombre directo (me, te, lo, la, nos, os, los, las) o indirecto (me, te, le, nos, os, les) de acuerdo al contexto. Use forma de Usted. Recuerde que es un diálogo:

a. Hola Are. ¿Quién ____ cosió la piel?
b. Me ____ cosí yo misma.
c. ¿Bebió agua del río?
d. Sí, ____ bebí.
e. ¿Por qué ____ pusieron en la tierra?
f. Porque el rey es malo. Yo ____ dije que no sabía dónde estabas.
g. Yo ____ voy a mostrar a ellos mi poder.
h. No ____ haga nada porque son muy malos.
i. ¿Dónde está la amatista?
j. No sé donde ____ puso usted.

El Reino Azul

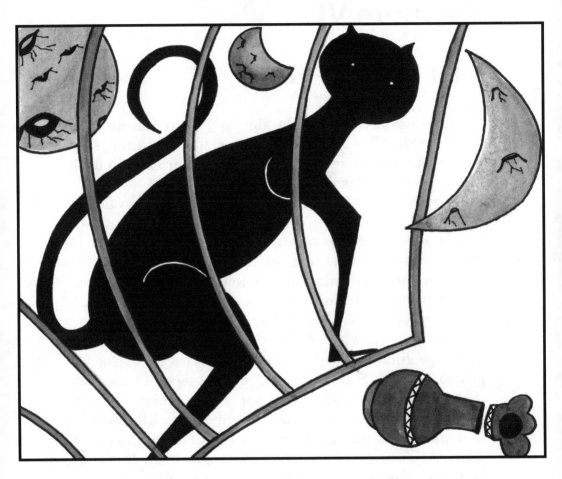

¿Quién se robó los colores?

Capítulo VI

El Reino Azul

Victoriosamente Vicky la abrazó y partieron al Reino Azul. Desde allí se divisaba el mar. Las dos amigas, un poco agotadas[1], se recostaron a contemplar el océano. Un niño se acercó y les dio la bienvenida:

—Mi nombre es Martín, sabía que vendrían. Las llevaré a Pueblo Profundo.

El nuevo amigo les mostró cómo los hombres trabajaban en el telar[2], mientras las mujeres cosían las mochilas[3]. Sin embargo, entre ellos se notaba una gran preocupación por la extinción del color azul, ya que éste era la fuente de vida[4] y trabajo del pueblo.

Are durmió esa noche allí porque quería probar la sustancia prohibida a las hembras[5], según los ancestros y el propio Martín. Sigilosamente, al amanecer, la pequeña sustrajo de una mochila un poporo[6]. Al mismo tiempo una mano misteriosa se robó su amatista. Ella masticó una pasta blanca hasta saciarse[7]. Inmediatamente se convirtió en una gata de espesa sangre azul. Entonces, Nama, el consejero de Pueblo Profundo le dijo a su rey:

---

[1] were exhausted

[2] men were weaving

[3] women were sewing

[4] the color was the source of life

[5] forbidden substance to women

[6] a kind of indian pitcher with a straw

[7] to be full

—La presa cayó en su trampa[8].

—Captúrenla. —Ordenó el monarca a su pueblo, a la vez que acariciaba lentamente la piedra amarilla—. Y tú, Victoria Regia, agonizarás porque no beberás ni una gota de agua, ja, ja, ja...

Dos guerreros clavaron[9] a la hoja en la mitad de la aldea.

Pasaron siete semanas y los habitantes no encontraban a la gata. El rey montó en cólera[10], prohibiendo que sus súbditos durmieran hasta no hallar al animal.

Vicky, semiseca y carcomida[11] por los insectos, creyó ver a pocos metros una sombra.

—Eres tú Are —murmuró la hoja clavada en la tierra.

—Sí, resiste un poco Vicky —dijo Are.

—¡Hey, encontré la gata negra de sangre azul! —avisó una voz de un hombre.

—No la dejen escapar —contestaron al unísono los cazadores[12].

A pesar de que Are brincó por los techos, evadió redes y manos[13], fue atrapada y encerrada en una estrecha celda. Las trece lunas del Reino Azul la chupaban. Después de treinta y tres días de cautiverio de Are el rey muy complacido se aproximó:

—Necesito tus vidas y tu tinta azul; así brillará nuevamente la azulina. Con tu muerte podré prolongar mi mandato[14].

---

[8] The prisoner walked right into her trap.

[9] two warriors nailed her

[10] the king became enraged

[11] half eaten and dehydrated

[12] the pack of hunters repeated

[13] avoided nets and hands

[14] prolong my mandate

Martín escuchó las palabras del monarca y no quiso participar en las festividades ordenadas por el tirano. En la oscuridad, burlando la guardia de seguridad, liberó a la gata.

—¿Dónde ocultan mi piedra, Martín? —maullando[15] interrogó Are.

—La amatista está en el templo sagrado, corre. No puedo decir más —contestó el niño asustado.

Are encontró al soberano embriagado[16] sobre una manta y en una de sus manos él tenía la piedra que ella buscaba. La gata se aproximó al rey conteniendo su ronroneo[17] felino. De inmediato pensó en su amiga Vicky y, en un abrir y cerrar de ojos[18], el cristal transparente la llevó junto a la hoja.

---

[15] mewing like a cat
[16] drunk
[17] to purr
[18] quickly

f. Verdadero o Falso

Escriba V (verdadero) o F (falso) de acuerdo con la lectura del Capítulo VI. Explique en una frase por qué es falso:

1. _____Desde del Reino Azul se veían las montañas.
2. _____Martín llevó a Are y Vicky a un río.
3. _____Las mujeres cosían mochilas y los hombres sus zapatos.
4. _____El color verde era la fuente de vida del Reino.
5. _____El rey se robó la amatista de Are.
6. _____Are se convirtió en una perra café.
7. _____Victoria Regia podía tomar agua.
8. _____Vicky estaba carcomida por los insectos.
9. _____El rey quería las vidas de la gata.
10. _____Are recuperó la amatista y liberó a su amiga.

g. Responda las siguientes preguntas:

1. ¿Dónde están ahora Are y Vicky?
2. ¿Quién es Martín?
3. ¿Qué trabajo hacían los hombres en Pueblo Profundo?
4. ¿Cuál era la fuente de vida del pueblo?
5. ¿Qué quería comer Are?
6. ¿Quién se robó la amatista de Are? ¿Por qué?
7. ¿Dónde clavaron los guerreros a Vicky?
8. ¿Quién capturó a Are?
9. ¿Para qué necesitaba el rey las vidas y la tinta azul de la gata?
10. ¿Por qué Martín no quiso celebrar las fiestas del pueblo?

h. Preguntas personales

Responda de acuerdo con su opinión:

1. ¿Cómo se siente cuando hace algo prohibido?
2. ¿Qué piensa de los dictadores?
3. ¿Qué haría si estuviera encerrado/a en una casa sin ventanas?

i. Use la imaginación:

Dibujar, hacer un collage o recortar de una revista o un periódico una escena que ilustre, de acuerdo con su interpretación, El Reino Azul.

¿Quién se robó los colores?

Capítulo VII

El Reino Amarillo

a. Vocabulario

Busque el vocabulario de las palabras de la columna A y escoja la definición más apropiada en la columna B.

A		B	
a.	Amarillo	1.	Contrario de frío
b.	Arena	2.	Color
c.	Calor	3.	Hay en la playa
d.	Misión	4.	Contrario de luna
e.	Pescador	5.	Agua
f.	Pálido	6.	Cáncer
g.	Sol	7.	Trabajo
h.	Mar	8.	Pesca
i.	Enfermedad	9.	Contrario de colorado
j.	Amiga	10.	Compañera

b. Palabras similares en español e inglés

Haga una lista de palabras parecidas en los dos idiomas del Capítulo VII (*El Reino Amarillo*).

c. Expresiones

Estudie las siguientes oraciones:

Cargar en brazos	To carry in one's arms
Sofocado y sediento	Out of breath and thirsty
Prolongar la vida	To extend life
Tener una misión en la vida	To have a mission in life

Era una hoja seca	Was a dried leaf
Estar pálido	To be pale, colorless
Algún día	Some day
Volver a despertar	To wake up again

d. Volver + a + verbo

Escriba cinco oraciones con volver (Pretérito) +a +verbo. Use verbos regulares. Por ejemplo. Yo volví a caminar en la playa.

e. Uso de verbos en contexto

1. Completar los espacios en blanco con la siguiente lista de verbos. Use el Futuro:

Clavar
Cargar
Desplomarse
Encontrarse
Emanar
Bañarse
Dormirse
Volver
Partir
Pasar

Mañana _____ en el cuarto de mi madre. Por la mañana me levantaré____ _____ bien temprano. Entonces _____ para el aeropuerto porque viajaré a Madrid. En la sala de espera ____ _____ con mi tío porque él _____ con sus propias maletas. Espero que mi tío no se _____ del cansancio. Nosotros _____ por el detector de metales. Mi tío siempre fuma pero creo que su chaqueta no _____ olor a humo. Mi madre me pidió un cuadro porque ella lo _____ en la pared de la sala. Yo _____ en dos semanas.

2. Escriba diez oraciones en Futuro. Use la lista de verbos del ejercicio 1 de la parte e.

3. Conjugue la forma correcta del verbo en Futuro:

    a. El carpintero _____ (clavar) las puntillas en la ventana.

    b. Ellos _____ (cargar) los libros a la biblioteca.

    c. El hombre _____ (almacenar) el maíz en la casa.

    d. El doctor le _____ (prolongar) la vida.

    e. Las rosas _____ (emanar) perfume.

    f. ¿_____ (volver) tú el próximo año?

    g. El tren _____ (partir) a las cinco en punto.

    h. Yo le _____ (enseñar) en donde está la Cruz Roja.

    i. No me _____ (desplomarse) en el examen.

    j. Los turistas se _____ (bañarse) en el mar.

El Reino Amarillo

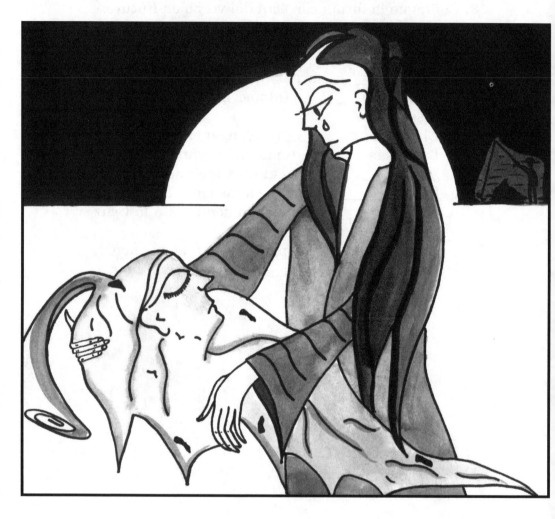

¿Quién se robó los colores?

Capítulo VII

El Reino Amarillo

La infante desclavó a su amiga[1] y quiso estar en el Reino Amarillo. Are cargó en brazos a su compañera Vicky.

Cansada de caminar por la playa y sofocada por el calor[2], la niña se desplomó[3]. Vicky se estiró, depositando en sus labios el poco néctar que ella almacenaba en su garganta. Era la única manera de prolongar la vida de Are y por consiguiente su misión.

Al despertar Are, Vicky yacía inerte[4] sobre la arena ardiente: era una hoja seca. La niña la recogió, caminó durante varias horas y así fue como conoció a Amílkar, un pescador de isabelitas doradas[5]. El niño amorosamente le enseñó un pálido pescadito. Él le dijo que se encontraba muy acongojado[6] por la enfermedad de sus amigos los peces y según sus propias palabras todo era debido a la ausencia de melanina[7], que emanaba del sol.

—Algún día nos bañaremos con las isabelitas doradas, hasta luego —sonrió Are con los ojos llenos de lágrimas.

—¿Con tu amiga también? —preguntó Amílkar —¿Acaso está dormida?

—Ella no volverá a despertar[8].

---

[1] Are removed Victoria's nails
[2] soffocating from the heat
[3] fainted
[4] Vicky was motionless
[5] gold fish
[6] worried
[7] melanin
[8] she won't be waking up again.

Antes de partir, Are dejó el cuerpo de Vicky sobre el mar. La niña deseó entonces, con toda su alma[9], pasar al Reino Rojo.

f. Verdadero o Falso

Escriba V (verdadero) o F (falso) de acuerdo con la lectura del Capítulo VII. Explique por qué es falso:

1. _____ Are llevó a su amiga en la espalda.
2. _____ En el Reino amarillo hacía calor.
3. _____ Are se desmayó por el cansancio.
4. _____ Vicky depositó su néctar en las manos de Are.
5. _____ Vicky estaba enferma.
6. _____ La hoja no estaba muerta.
7. _____ Amílkar era doctor.
8. _____ Los peces estaban contentos.
9. _____ Las isabelitas eran pájaros.
10. _____ El próximo reino es el blanco.

g. Responda las siguientes preguntas:

1. ¿Por qué cargó Are a su amiga?
2. ¿Cómo era el Reino Amarillo?
3. ¿Por qué Vicky le dio de beber su néctar a Are?
4. ¿Quién era Amílkar?
5. ¿Qué es un pescador?
6. ¿Por qué estaba triste Amílkar?
7. ¿Qué eran las isabelitas doradas?
8. ¿Por qué estaba Are deprimida?
9. ¿Por qué se murió Vicky?
10. ¿Adónde quiso volar Are?

---

[9] she wanted it with all her heart

h. Preguntas personales

Responda de acuerdo con su opinión:

1. ¿Qué hace cuando su mejor amigo/a está enfermo/a?
2. ¿Donaría un riñón a una persona que no conoce? ¿Por qué?
3. ¿Cuáles son sus peces favoritos? ¿Por qué?

j. Use la imaginación:

Dibujar, hacer un collage o recortar de una revista o periódico una escena que ilustre, de acuerdo con su interpretación, el Reino Amarillo.

¿Quién se robó los colores?

Capítulo VIII

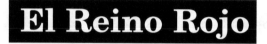

El Reino Rojo

a. Vocabulario

Busque el vocabulario de las palabras de la columna A y escoja la definición más apropiada en la columna B.

A	B
a. Pequeño	1. Ave
b. Papá	2. Salen de las nubes
c. Buitre	3. Apagan los bomberos
d. Rayos	4. Vestido largo
e. Fuego	5. Animal peludo
f. Túnica	6. Contrario de odio
g. Bola	7. Contrario de grande
h. Oso	8. Piedra
i. Amor	9. Contrario de mamá
j. Roca	10. Pelota

b. Palabras similares en español e inglés.

Haga una lista de palabras parecidas en los dos idiomas del Capítulo VIII (*El Reino Rojo*)

c. Expresiones

Estudie las siguientes oraciones:

Sin papá	Fatherless
Desaparecer en estampida	To disappear in a stampede
Mirada fulminante	A dirty look

La tierra se abrió	The earth opened up
Mi morada es tu casa	My home is your home
Abrir los ojos lentamente	Open one's eyes slowly
Los labios más hermosos	The most beautiful lips
Era imposible amar	It was impossible to love

d. Diminutivo

En español se forma el diminutivo suprimiendo la terminación de acuerdo al género y al número del sustantivo o adjetivo. Luego se agrega ITO/ITA o IN/INA. Por ejemplo: ojo-ojito, rojo-rojito/a, pequeño-pequeñito/a o pequeñín, chiquita-chiquitina. El diminutivo se usa en muchas regiones de Latinoamérica y se usa para expresar delicadeza o ironía.

Escriba diez oraciones en Presente con sustantivos y adjetivos usando el diminutivo. Por ejemplo: La casita es amarillita.

e. Uso de verbos en contexto.

1. Completar los espacios en blanco con la siguiente lista de verbos. Use el Presente Perfecto (HABER + ADO or IDO para verbos regulares). Por ejemplo:

   Yo he llorado mucho.
   Ella ha volado a San Andrés.
   Notar
   Tener
   Rodear
   Arrojar
   Encender
   Consumir
   Rodar
   Tomar
   Enamorarse
   Amar

María siempre____ _____a Efraín. Ella____ _____ muchas fotografías de Efraín. El____ _____por muchos países de América. El ____ _____ muchas novias en todas partes. María ____ _____ que Efraín no habla por teléfono con ella y está muy triste. Ella está ciega de amor. En su corazón se ____ _____ la llama de la pasión. Pero él no le ____ _____ una rosa a su ventana. Ella ____ _____ muchos chocolates por la angustia. Sus amigas la ____ _____ con mucho amor y comprensión. María llora porque se ___ _____ de Efraín.

2. Escriba oraciones en Presente Perfecto. Use la siguiente lista de verbos irregulares:

Infinitivo	Participio
Decir	Dicho
Ver	Visto
Hacer	Hecho
Abrir	Abierto
Morir	Muerto
Escribir	Escrito
Poner	Puesto
Volver	Vuelto
Devolver	Devuelto
Cubrir	Cubierto

3. Conjugue la forma correcta del verbo en Presente Perfecto:

a. Yo me ____ _____(sorprenderse) mucho por la noticia.
b. Nosotros ____ _____(tener) buenos profesores.
c. Aníbal se ____ _____(enamorarse) de los tenis rojos.
d. El pelotero ____ _____(lanzar) la pelota muy lejos.

e. Ellos no ____ _____(ver) la señal de tráfico.
   Parecen ciegos.
f. ¿Quién ____ _____(abrir) el libro?
g. El edificio se ____ _____(encenderse)
h. ¿Por qué no ____ _____(hacer) la tarea?
i. Tú ____ _____(ir) al concierto tres veces.
j. Las margaritas ____ _____(florecer) en el
   jardín.

El Reino Rojo

¿Quién se robó los colores?

Capítulo VIII

El Reino Rojo

En ese lugar se sorprendió al ver que todos los muchachitos tenían los ojos rojos. Ellos, al notar su presencia, la rodearon[1] y un pequeñín preguntó:
—¿Tienes papá?
—Sí —contestó Are.
—¡Ah!, por eso es que no lloras.
—¿Es que ustedes no tienen padre? —preguntó ella con ingenuidad.

De pronto[2], los pequeños callaron y en estampida[3] desaparecieron.

Un buitre, que lanzaba rayos fulminantes[4], rodeó a Are. Ella intentó esconderse pero el ave arrojó de su pico una baba rojiza[5] enceguecendo sus ojos. Desde ese momento todo lo que miraba la niña se consumía por el fuego. Las llamas la rodeaban y cuando su túnica se encendió, cerró los ojos que lloraban fuego[6]. Fue precisamente en ese momento en que la tierra se abrió. Are rodó como una bola de fuego[7] y cayó en la morada[8] del Oso Anteojos.

---

[1] surrounded
[2] all of a sudden
[3] stampeded
[4] deadly
[5] reddish saliva

[6] she closed her fire-teary eyes
[7] ball of fire
[8] home

—Ya es la quinta vez que Buitrina la Pechugona me despierta —dijo el oso bostezando[9].

—No puedo abrir los ojos, quemaría tu casa.

—Toma mis anteojos.

—Gracias. ¿Quién es Buitrina? —preguntó Are abriendo los ojos con lentitud.

Buitrina era la niña de los labios más hermosos del Reino Rojo. Todo lo que besaba florecía. Un día, mientras paseaba con sus hermanitos, el príncipe Volney sangre de Buey la vio desde la torre de su castillo. A partir de aquel momento se enamoraron[10]. Pero ella estaba destinada a los dioses del amor y al ver que era imposible amar se lanzó a un precipicio[11]. De las profundidades surgió Buitrina la Pechugona, quien se alimenta de la sangre de los niños.

—Antes de continuar con mi relato, debo conseguirte un poco de néctar[12] para alimentarte. Descansa pequeña, estás muy pálida. Cierra la roca cuando salgas.

---

[9] Mr. Bear said lazily.

[10] they fell in love

[11] canyon

[12] nectar

f. Verdadero o Falso

Escriba V (verdadero) o F (falso) de acuerdo con la lectura del Capítulo VIII. Explique por qué es falso:

1. _____Los muchachitos tenían los ojos azules.
2. _____Are no tenía papá.
3. _____Un buitre, que lanzaba fuego, rodeó a Are.
4. _____Todo lo que miraba Are se convertía en sal.
5. _____Los ojos de Are lloraban agua.
6. _____La niña cayó sobre la casa del Oso Anteojos.
7. _____Buitrina la Pechugona era una rana.
8. _____El Oso Anteojos le dio a Are un pan.
9. _____El príncipe Volney sangre de Buey se enamoró de Are.
10. _____Are estaba muy cansada.

g. Responda las siguientes preguntas:

1. ¿Por qué se sorprendió Are en el Reino Rojo?
2. ¿De qué color eran los ojos de los niños?
3. ¿Quién es el padre de Are?
4. ¿Qué enceguecíó a la niña?
5. ¿Por qué se encendió la túnica de Are?
6. ¿Cuántas veces se había despertado el Oso?
7. ¿Por qué Are no podía abrir los ojos?
8. ¿Quién era Buitrina la Pechugona?
9. ¿Quién era el príncipe Volney sangre de Buey?
10. ¿Por qué salió el oso de su cueva?

h. Preguntas personales

Responda de acuerdo con su opinión.

1. ¿Qué opina del divorcio?
2. ¿Cuándo ha llorado?
3. ¿Se ha enamorado de alguien alguna vez? ¿Qué sintió?

i. Use la imaginación:

Dibujar, hacer un collage o recortar de una revista o periódico una escena que ilustre, de acuerdo con su interpretación, el Reino Rojo.

¿Quién se robó los colores?

Capítulo IX

El Reino de las Hormigas

a. Vocabulario

Busque el vocabulario de las palabras de la columna A y escoja la definición más apropiada en la columna B.

A		B	
a.	Hormiga	1.	Donde se lavan los platos
b.	Gafas	2.	Potencia
c.	Sueño	3.	Debajo de la tierra
d.	Banquete	4.	Mucha comida
e.	Túnel	5.	Caminos sin salida
f.	Laberinto	6.	Por donde sale el agua
g.	Corriente	7.	Insecto
h.	Llave	8.	Para los ojos
i.	Lavaplatos	9.	Río rápido
j.	Fuerza	10.	Por la noche

b. Palabras similares en español e inglés

Haga una lista de palabras parecidas en los dos idiomas del Capítulo IX (*El Reino de las Hormigas*).

c. Expresiones

Estudie las siguientes oraciones:

Dormir profundamente   To sleep deeply
Escuchar voces   To hear voices

Una voz de alarma	A voice of alarm	
Sálvase quien pueda	Every person for him or her self	
El agua rueda	The water rolls	
Camarón que se duerme se lo lleva la corriente	Time and tide wait for no one	
Chorro de agua	A gush of water	

d. I. Imperativo (Mandatos)

El modo Imperativo se usa para dar una orden, un ruego o una súplica:

Límpia el cuarto, hijo	No fume en el avión
Haz la tarea, por favor	No entre. Ocupado
Trae el libro a clase	No tome drogas

Se forma así:

Afirmativo	Hablar	Comer	Vivir
Tú (informal)	habla	come	vive
Usted (formal)	hable	coma	viva
Ustedes	hablen	coman	vivan
Nosotros	hablemos	comamos	vivamos
Vosotros	hablad	comed	vivid

Negativo			
Tú (informal)	No hables	comas	vivas
Usted (formal)	No hable	coma	viva
Ustedes	No hablen	coman	vivan
Nosotros	No hablemos	comamos	vivamos
Vosotros	No habléis	comáis	viváis

Verbos irregulares (Tú)

Afirmativo	Negativo
Dedir (di)	No digas mentiras
Hacer (haz)	No hagas mal a nadie
Ir (ve)	No vayas tarde a la clase
Poner (pon)	No pongas mala cara
Salir (sal)	No salgas muy tarde de la discoteca
Tener (ten)	No tengas miedo
Venir (ven)	No vengas sin el libro

d. II. Se impersonal

Se usa el se impersonal para afirmar o negar de forma general. Se forma de la siguiente manera: SE + VERBO (Tercera persona del singular o del plural, él o ellos). Por ejemplo: Se vende esta casa

Se escucharon sonidos.
No se fumó en el avión.
No se comieron las hormigas.

Escriba cinco oraciones en afirmativo y cinco en negativo con el se impersonal. Conjugue los verbos en Pretérito.

e. Uso de verbos en contexto

1. Completar los espacios en blanco con la siguiente lista de verbos. Use el Pretérito.

Quitarse
Ponerse
Apurarse
Salvarse
Conmoverse
Abandonar
Empujar
Salir

Cuando llegué a mi casa ____ _____ los tenis. Mi madre ____ _____ y me dijo que me sentara a la mesa a cenar. Ella no ____ _____ porque yo estaba muy cansado. Yo ____ _____ de nuevo los tenis. Esa tarde mis hermanos no estaban en casa y ____ _____ porque mamá estaba de muy mal humor. Yo _____ el comedor y me fui a mi cuarto a escuchar música. _____ la puerta pero mi perro no me dejó entrar. Nadie me quería en casa, entonces _____ a la calle.

2. Escriba ocho oraciones en Pretérito. Use la lista de verbos del ejercicio 1 de la parte e.

3. Conjugue la forma correcta del verbo en Pretérito:

   a. El río _____(salir) al océano.
   b. ¿Quién_____(empujar) el coche?
   c. La bola de nieve_____(rodar) por la montaña.
   d. El salvavidas_____(salvar) el perro.
   e. Ella no se_____(conmoverse) por mi tristeza.
   f. Nosotros no nos_____(quedarse) en el laberinto.
   g. Ustedes se_____(quitarse) las hormigas de la mano.
   h. ¿Por qué no te_____(ponerse) la camiseta blanca?
   i. El viento_____(arrastrar) las hojas en otoño.
   j. Usted no_____(escuchar) la alarma de la casa.

¿Quién se robó los colores?

Capítulo IX

El Reino de las Hormigas

Are durmió profundamente sin quitarse las gafas y escuchó en sus sueños muchas voces:

Apúrense[1]
uno, dos y tres,
cuatro, cinco y seis,
que buen banquete os daréis[2];
siete, ocho, nueve
la Reina Pitucha no se conmueve[3].

La niña era arrastrada por millones de hormigas a través de un túnel. Una voz de alarma, que se perdió en los caminos laberínticos del Imperio Pitucho, la despertó:

Sálvese quien pueda[4],
de esto nada queda,
ya que el agua rueda...

Las hormigas abandonaron el cuerpo de Are. Entonces, ella fue arrasada[5] violentamente por la fuerza de la corriente. Un chorro incontenible de líquido[6] la empujó durante varios días y finalmente ella salió por la llave de un lavaplatos de... cierto país, de cierta región, de cierta ciudad multicolor.

---

[1] Hurry up

[2] you are going to have a grand banquet

[3] the Queen Ant does not care anymore

[4] save yourself from this mess

[5] she was blown around

[6] a burst of liquid

f. Verdadero o Falso

Escriba V (verdadero) o F (falso) de acuerdo con la lectura del Capítulo VIII. Explique por qué es falso:

1. _____Are se quitó las gafas para dormir.
2. _____Ella escuchó en sus sueños a un perro.

3. _____Las hormigas arrastraban a Are por un puente.
4. _____Una voz de alarma despertó a Are de su sueño.
5. _____El agua llenó los túneles de las hormigas.
6. _____El líquido la arrastró por años.
7. _____Are se quedó atrapada en el camino.
8. _____La niña llegó por el cable del teléfono.
9. _____Are se encontraba en la ciudad de México.
10. _____Las hormigas son insectos.

g. Responda las siguientes preguntas:

1. ¿Por qué Are durmió con las gafas puestas?
2. ¿Qué escucho ella en sueños?
3. ¿Quién era Pitucha?
4. ¿Qué tipo de comida hay en un banquete?
5. ¿Por dónde se llevaron las hormigas a Are?
6. ¿Por qué se despertó Are?
7. ¿Quiénes dejaron libre el cuerpo de Are?
8. ¿Cuánto tiempo estuvo Are en el agua?
9. ¿Por dónde salió Are?
10. ¿A dónde llegó la niña?

h. Preguntas personales
Responda de acuerdo con su opinión:

1. ¿De qué color son sus sueños?
2. ¿Escucha voces en sus sueños? ¿Cómo son?
3. ¿Cree que el hombre es superior a la fuerza de la naturaleza? ¿Por qué?

i. Use la imaginación:
Dibujar, hacer un collage o recortar de una revista o periódico una escena que ilustre, de acuerdo con su interpretación, el Reino de las Hormigas.

¿Quién se robó los colores?

Capítulo X

El Reino Multicolor

a. Vocabulario.

Busque el vocabulario de las palabras de la columna A y escoja la definición apropiada en la columna B.

A		B	
a.	Mosca	1.	Donde se prepara la comida
b.	Cucaracha	2.	Ordenador
c.	Intrusa	3.	Para subir y bajar
d.	Basura	4.	Para mirarse
e.	Cocina	5.	Monitor
f.	Computador	6.	Lo percibimos por la nariz
g.	Escalera	7.	Vuela
h.	Espejo	8.	No es bienvenida
i.	Pantalla	9.	Están en la basura y corren
j.	Olor	10.	Contamina

b. Palabras similares en español e inglés

Haga una lista de palabras parecidas en los dos idiomas del Capítulo X (*El Reino Multicolor*).

c. Expresiones

Estudie las siguientes oraciones:

Cuerpo maltrecho	A bruised body
Largo de aquí	Get out of here
Hambrientos bichos	Hungry insects
Estar preparado para el encuentro	To be ready for the encounter

Una voz ronca	A hoarse voice
Olor inconfundible	An unmistakable smell
Gama infinita	An infinite range
Ella se posó en la mano	She landed in his hand

d. Verbo Faltar

Se usa el verbo faltar para indicar ausencia. Se forma de la siguiente manera: Pronombre (me, te, le, nos, os, les) + Faltar (singular falta/plural faltan) + Sustantivo

Por ejemplo: No hice la tarea de español/ Me faltó la tarea de español.

No tengo los libros/ Me faltan los libros.

Presente	Pretérito	Imperfecto	Futuro
Me falta	faltó	faltaba	faltará
Te falta	faltó	faltaba	faltará
Le falta	faltó	faltaba	faltará
Nos falta	faltó	faltaba	faltará
Os falta	faltó	faltaba	faltará
Les falta	faltó	faltaba	faltará

Escriba cuatro oraciones distintas en singular y cuatro en plural. Use Presente, Pretérito, Imperfecto y Futuro.

e. Uso de verbos en contexto.

1. Completar los espacios en blanco con la siguiente lista de verbos. Use Presente, Pretérito o Imperfecto:

Abandonar
Acariciar
Apartar
Insultar
Sacar
Penetrar
Lanzar
Llenar

Oler

Sobrevivir

No_____ bien la pelota, pero corro mucho. El partido fue muy difícil y _____ los dos tiempos. Después, cuando llegué a casa _____ a Nerón y lo_____ a la calle para darle un paseo. Mientras caminaba por el vecindario, el cartero _____ el buzón. Cuando regresé del paseo con Nerón recogí las cartas y _____ una que tenía mi nombre. La abrí y _____ a perfume. Con frecuencia a mi hermana le llegaban cartas con olor a rosas, pero no a mí. Sin embargo, esta carta anónima me _____ y decía cosas horribles. Entonces_____ a la casa por la puerta del sótano y lloré mucho. _____ el tenis porque no era un buen jugador.

2. Escriba diez oraciones en Futuro. Use la lista de verbos del ejercicio 1 de la parte e.

3. Conjugue la forma correcta del verbo de acuerdo al contexto:

    a. Abraham Lincoln _____ (liberar) a algunos esclavos.

    b. Ayer _____ (abandonar) su barco.

    c. ¿Quién _____ (descubrir) América?

    d. Ella _____ (permanecer) en prisión por tres años.

    e. ¿Quién _____ (faltar) por llenar el formulario?

    f. Hace dos días Adriana _____ (lanzar) el balón con una mano.

    g. Mientras el avión se _____ (elevarse) el capitán hablaba en español.

    h. Con frecuencia ella _____ (alargar) su conversación.

i. Mañana _____ (llenar) la piñata para el cumpleaños de Jaime.

j. La madre _____ (acariciar) al bebé.

El Reino Multicolor

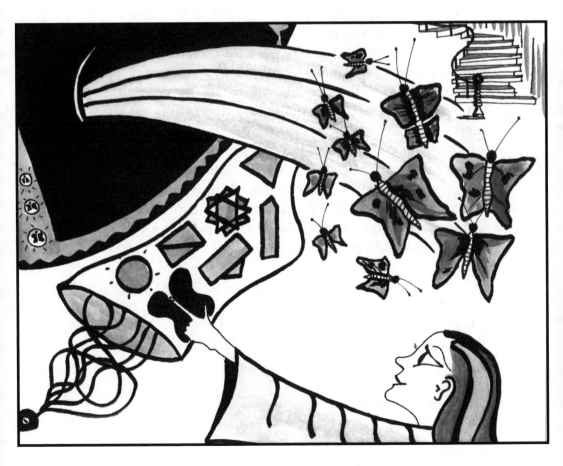

¿Quién se robó los colores?

Capítulo X

El Reino Multicolor

En el lavaplatos de la cocina de cierto país, de cierta región, de cierta ciudad multicolor, las cucarachas caminaban sobre el cuerpo maltrecho[1] de Are. Una mosca unialada[2] le gritó:

—Largo de aquí, intrusa.

Are abandonó el sucio lavaplatos, omitiendo los insultos de los hambrientos bichos. Ella apartó la basura que encontró a su paso, sacó la piedra del tamaño de un garbanzo, anheló hallar[3] el laboratorio de Taya, ya que estaba preparada para su encuentro. La amatista no alumbró como Are esperaba y entonces ella descubrió que se encontraba en la cocina del mismísimo hombre solitario.

La niña bajó la escalera de caracol[4] hasta penetrar en un cuarto recubierto de espejos. Se miró con vanidad[5] y en una esquina divisó la pantalla estelar en donde pemanecían atrapados todos los colores. Una voz ronca[6], que venía desde atrás, la sorprendió:

---

[1] bruised
[2] with one wing
[3] she wanted to find
[4] spiral staircase
[5] she looked at herself vainly
[6] a gravelly voice

—Tu olor es inconfundible[7]. Te esperaba, eres el único punto que falta[8] para llenar la pantalla —dijo maliciosamente Taya—. Jamás imaginé una visita tan agradable por la tubería del lavaplatos.

—Pero si yo no tengo color ni olor —contestó Are, mientras se acercaba al teclado del computador.

—¡Ah!, uh, con que diciéndome mentiras. Yo conozco tu juego[9], ¡mariposa!

—¿Mariposa, yo? Estás loco hombre, no ves que soy una niña, acaso poseo alas[10]?

En ese momento, en el Salón de las Imágenes, Taya le lanzó unos telones de seda para retenerla. Ella se elevó y alargando su mano derecha oprimió una tecla del computador. Así liberó a todos los colores. El cuarto de espejos se llenó de mariposas verdes, azules, amarillas, rojas, blancas, anaranjadas y violetas.

—Yo sólo quería tener una gama infinita de colores, para oler como Sintana —dijo Taya sollozando y arrodillado en un rincón[11].

—Lo siento mucho, pero hasta las mariposas necesitan del color.

—Entonces eres una niña?

—Soy una mariposa blanca...

Érase que se era,
la única forma de sobrevivir es mentir,
pues si dices quien eres no vas a poder
seguir...

---

[7] your scent is unmistakable

[8] you are the only thing missing

[9] I know your butterfly game

[10] where are my wings?

[11] Taya sobbed, sitting in a corner

El salón se iluminó de una voz dorada[12]. Era la serpiente de un ojo transparente, piel oscura, lengua pepeada y un lunar verde.

En ese instante la pequeña, quien había dicho la verdad[13], se convirtió en la más brillante y hermosa de todas las mariposas blancas. Los Reinos recuperaron su color y en la pantalla estelar apareció la imagen de una hoja más grande que un elefante y tan blanda como un colchón. Vicky estaba rodeada de delfines rosados e isabelitas amarillas.

Are, la mariposa, se posó en la mano derecha de Taya el hombre solitario[14]. El acarició sus alas.

Y como dice don Alin, este cuento llegó a su fin.

---

[12] a velvety voice filled the room

[13] who had told the truth

[14] Are, the butterfly, was perched on the lonely man's hand.

f. Verdadero o Falso

Escriba V (verdadero) o F (falso) de acuerdo con la lectura del Capítulo X:

1. _____Are llegó a la ciudad multicolor.
2. _____El lavaplatos de la cocina de Taya estaba sucio.
3. _____Una mosca unialada le dio la bienvenida a Are.
4. _____La niña no estaba preparada para ver a Taya.
5. _____La amatista alumbró.
6. _____Los colores estaban atrapados en la esfera estelar.
7. _____Taya tenía todos los colores.
8. _____El hombre solitario quiso atrapar a Are con la mano.
9. _____Are liberó sólo al amarillo, azul y rojo.
10. _____La niña dijo la verdad y se convirtió en mariposa.

g. Responda las siguientes preguntas:

1. ¿Qué son cucarachas?
2. ¿Quién le gritó "intrusa" a Are?
3. ¿Cómo era la cocina de Taya?
4. ¿Por qué no alumbró la amatista de Are?
5. ¿En dónde estaban atrapados los colores?
6. ¿Cuál era el único color que le faltaba a Taya en la pantalla?
7. ¿Por qué Are se acercó al computador?
8. ¿Para qué quería Taya los colores?
9. ¿Le dijo Are la verdad a Taya?
10. ¿Al final se hicieron amigos Are y Taya? ¿Por qué?

h. Preguntas personales

1. Describa la cocina de su casa.
2. ¿Cree que el computador es necesario para la vida del hombre. ¿Por qué?
4. Si ve a un amigo/a que roba un chocolate en un supermercado, ¿llama a la policía? ¿Qué hace?
3. Escriba otro versión final del cuento.

i. Use la imaginación:

Dibujar, hacer un collage o recortar de una revista o un periódico una escena que ilustre, de acuerdo con su interpretación, El Reino Multicolor.

Glosario

A

Abuelo	n.m. grandfather
Acariciar	v. to caress, pet
Acercar	v. to bring near, to draw up, to approach or get near
Acongojar	v. to grieve
Acontecimiento	n.m. event, happening
Advertir	v. to notice, to warn, to advise
Afán	n.m. eagerness, anxiety, ardor
Afanoso	adj. laborious, hardworking
Ágil	adj. agile
Agonizar	v. to be dying
Agotado	adj. exhausted
Agrandar	v. to enlarge, to aggrandize, to make greater or bigger
Agua	n.f. water
Alargar	v. to lengthen, to prolong, to stretch out, extend
Aldea	n.f. village
Alegre	adj. happy
Aliado	adj. ally
Alma	n.m. soul, spirit, inhabitant
Almacenar	v. to store, to store up, to put in storage
Altura	n.f. height, altitude
Alumbrar	v. to light, to give light to, enlighten
Amanecer	v. to dawn, sunrise
Amarillo	adj. yellow
Amatista	n.f. amethyst
Amiga	n.f. friend
Amor	n.m. love
Angustiado	adj. worried, anguished

Anhelo	n.m. longing
Ansioso	adj. anxious, troubled, eager
Aparecer	v. to appear, show up
Apenas	adv. hardly, scarcely
Apoderarse	v. to take possession, to seize
Apresurar	v. to hurry, hasten
Apurarse	v. to hurry up, to be worried
Árbol	n.m. tree
Arena	n.f. sand
Arrojar	v. to throw, hurl, cast, expel
Arrugado	adj. wrinkled
Asombrar	v. to cast a shadow, darken, to astonish, amaze, frighten
Asustar	v. to frighten, scare
Atemorizar	v. to frighten
Atonlondrado	adj. confused
Atrapar	v. to seize, to grab
Aterrizar	v. to land
Ave	n.m. a bird or fowl
Avisar	v. to inform, give notice, advise

B

Banquete	n.m. banquet
Basura	n.f. trash, garbage
Bicho	n.m. insect, bug
Boca	n.f. mouth
Bola	n.f. ball
Bonito	adj. pretty, beautiful
Blando	adj. smooth, soft
Brincar	v. to hop, skip, bounce, leap
Brotar	v. to spring, to bud, to break out (on the skin) to gush
Bruja	n.f. witch, hag
Bruma	n.f. mist, fog
Buitre	n.m. vulture
Burlar	v. to mock, to ridicule, to deceive
Burlón	n.m. jester, teaser

C

Caballo	n.m. horse
Cabeza	n.f. head
Caída	n.f. fall, drop, descent
Caliente	adj. hot
Calor	n.m. heat
Capullo	n.m. cocoon, bud
Caracol	n.m. snail
Carcajada	n.f. loud laughter, a peal of laughter
Castillo	n.m. castle
Causar	v. to cause
Cazador	n.m. hunter
Celda	n.f. cell (as in prison)
Cesar	v. to cease, stop, quit
Ciudadano	n.m. inhabitant, citizen
Cocina	n.f. kitchen
Colchón	n.m. mattress
Colmillo	n.m. tooth or fang
Computador	n.m. computer
Conceder	v. to concede, grant
Conseguir	v. to get, obtain, to reach, attain
Contento	adj. happy, content
Coro	n.m. chorus
Corriente	n.m. stream, current
Crear	v. to create
Cristal	n.m. crystal, transparent
Cucaracha	n.f. cockroach
Cubrir	v. to cover, hide, to coat

CH

Chorro	n.m. spurt, stream, flow
Chupar	v. to suck, to sip, to absorb

D

Delfín	n.m. dolphin
Desaparecer	v. to disappear
Desatar	v. to untie, to dissolve, to unravel, to unleash

Descolorido	adj. pale
Desesperado	adj. desperate
Desfallecer	v. to grow weak, to faint
Desplomar	v. to faint
Destrozar	v. to shatter, cut to pieces, destroy
Dios	n.m. God
Dorado	adj. golden, gilded

E

Emanar	v. to emanate, spring, issue, come from
Embriagar	v. to get drunk, to intoxicate
Emperador	n.m. emperor
Enano	n. dwarf, midget
Encender	v. to light, to get on fire, to light up
Encerrar	v. to enclose, to lock up
Enfermedad	n.f. illness, sickness
Enlazar	v. to tie, to rope
Entero	adj. entire, whole, complete
Entorpecer	v. to obstruct, to delay
Escalera	n.f. stairs, staircase or ladder
Escena	n.f. scene
Esconderse	v. to hide
Escuchar	v. to listen to
Escurrir	v. to drip, to drain, to trickle
Esfera	n.f. sphere
Esfumarse	v. to disappear
Espejo	n.m. mirror
Espeso	adj. thick, dense
Esquina	n.f. corner, angle
Estampida	n.f. stampede
Estirar	to stretch, extend
Estornudar	to sneeze
Estrechar	to tighten, to narrow down, to embrace, hug
Estruendoso	n.m. clatter, clamor

F

Faltar	v. to miss
Fango	n.m. mud, mire
Fruta	n.f. fruit
Fuerza	n.f. force, strength, power
Fulminar	v. to thunder, thunder forth

G

Gafas	n.f. glasses, spectacles
Gama	n.f. range
Garbanzo	n.m. chick pea
Gastar	to spend, to wear, to use, to waste
Guardia	n. guard, body of guards, defense, protection
Gigantesco	adj. gigantic
Girar	v. to revolve, rotate, turn
Granizo	n.m. hail (hailstorm)
Guerrero	n.m. warrior
Gusano	n.m. worm, caterpillar

H

Habitante	n.m. inhabitant
Hallar	v. to find, discover, find out
Hambriento	adj. hungry, intrusive
Hembra	n.female
Hermoso	adj. beautiful
Héroe	n.m. hero
Hielo	n.m. ice
Hoja	n.f. leaf, pedal, sheet of paper or metal, blade
Hombre	n.m. man
Hormiga	n.f. ant
Húmedo	adj. humid, wet

I

Idioma	n.m. language
Igual	adj. equal, even, smooth
Inerte	adj. inert, inactive, sluggish, slow
Ingenuo	adj. frank, sincere, simple, unaffected, naive

Interrogar	v. to interrogate, to question
Intruso	n.m. intruder
Ir	v. to go
Izquierda	n.f. left, left hand, left side

L

Laberinto	m.m. labyrinth, maze
Lacio	adj. withered, languid, limp
Lágrima	n.f. tear
Lamentar	v. to lament, deplore
Lanzar	v. to fling, throw, eject, launch
Lavaplatos	n.m. dishwasher
Lejano	adj. distant, remote
Lograr	v. to gain, obtain, accomplish, succeed in
Luna	n.f. the moon
Lunar	n.m. birthmark
Luz	n.f. light, clarity, hint

LL

Llanura	n.f. extensive plain, prairie
Llave	n.f. spout (of a faucet), key
Llover	v. to rain

M

Madera	n.f. wood, timber, lumber
Maléfico	adj. evil, harmful
Maltrecho	adj. bruised, injured
Mano	n.f. hand
Manta	n.f. blanket or covering
Mar	n.m. sea
Marcharse	v. to leave
Mariposa	n.f. butterfly
Mandato	n.m. mandate, order, command
Manera	n.f. way, fashion
Masticar	v. to chew
Maullar	to mew
Menjurje	n.m.mixture, concoction
Mezclar	v. to mix

Misión	n.f. mission
Mitad	n.f. half, middle
Momia	n.f. mummy
Monarca	n.m. monarch, king
Moneda	n.f. coin, money
Morada	n.f. residence, home
Mosca	n.f. fly
Monitor	n.m. screen (of a computer)
Musitar	v. to mutter, mumble, whisper

N

Naranja	n.f. orange
Narciso	n.m. narcissus, daffodil, dandy
Nariz	n.f. nose
Narrar	v. to narrate, tell, relate
Ninfa	n.f. nymph
Nube	n.f. cloud

O

Occidente	n.m. The West
Ocultar	v. to hide, conceal
Odio	n.m. hate
Ojo	n.m. eye
Ondulante	adj. wavy
Olor	n.m. smell, odor, fragrance, trace of suspicion
Oprimir	to oppress, to press down
Ordenado	adj. ordered, ordained
Ordenador	n.m. computer
Oruga	n.f. caterpillar
Oso	n.m. bear
Oscuridad	n.f. darkness, obscurity

P

País	n.m. country
Pálido	adj. pale
Pantalla	n.f. screen
Pantano	n.m. dam, swamp
Papá	n.m. dad

Pata	n.f. leg
Pelota	n.f. ball, spherical shape
Peludo	adj. hairy
Pensativo	adj. pensive, absorbed in thought
Pequeño	adj. small, little
Perezoso	adj. lazy
Perforación	n.f. perforation, hole
Permanecer	v. to remain, stay
Pesca	n.f. fish caught, fishing
Pescador	n.m. fisherman
Pico	n.m. beak, bill, sharp point, pick
Piedra	n.f. rock
Piel	n.f. skin, hide, leather, fur
Piojo	n.m. louse
Pisar	v. to step on, to trample, to cover
Plato	n.m. dish or plate
Poco	adv. little, small
Posar	v. to pose, to sit down, to lodge
Poseer	v. to possess, own
Potro	n.m. wild horse
Potencia	n.f. power
Preocupación	n.f. worry
Prisa	n.f. haste, speed

R

Rabia	n.f. anger
Rayo	n.m. lightning
Rey	n.m. king
Roer	v. to gnaw
Rápido	adv. quickly, fast
Rastro	n.m. track, trail, trace, sign
Recostarse	v. to lay down
Regadera	n.f. sprinkler
Reino	n.m. kingdom
Repetir	v. to repeat
Reptil	n.m. reptile
Rescatar	v. to rescue

Relinchar	v. to neigh
Rincón	n.m. corner
Risa	n.f. laughter
Robar	v. to steal, to rob
Roca	n.f. rock
Rodear	v. to go around, to surround
Rogar	v. to pray
Rojizo	adj. reddish
Ronco	adj. hoarse, harsh sound
Ronroneo	n.m. purr

S

Salvarse	v. to save one's self
Sagrado	adj. sacred
Sangre	n.f. blood
Sediento	adj. thirsty, dry, desirous
Selva	n.f. forest, jungle
Serpiente	n.f. snake
Silvestre	adj. wild, uncultivated
Sobrevivir	v. to survive
Sofocar	v. to suffocate, choke
Sol	n.m. the sun
Soldado	n.m. soldier
Sombra	n.f. shade
Sombrilla	n.f. parasol
Soplar	v. to blow
Suceder	v. to happen, to occur
Sueño	n.m. dream or sleep
Surgir	v. to appear, to arise, to surge
Sustraer	v. to remove, subtract, withdraw

T

Tambor	n.m. drum
Tecla	n.f. key (as in keyboard)
Telar	n.m. loom
Tembloroso	adj. trembling, shaking
Temeroso	adj. fearful
Templo	n.m. temple

Tibio	adj. tepid
Tirano	n.m. tyrant
Tonalidad	n.f. tonality
Tormenta	n.f. storm, tempest
Trampa	n.f. trap, catch
Travieso	adj. mischevious, restless
Trenza	n.f. tress, braid
Tropezar	v. to stumble, to blunder, to meet
Tubería	n.f. pipeline
Túnel	n.m. tunnel
Túnica	n.f. a gown

U

| Único | adj. only, sole, unique |

V

Valiente	adj. brave
Vanidad	n.f. vanity, conceit, emptiness
Verde	adj. green
Vértigo	n.m. dizziness, giddiness
Viajar	v. to travel
Viento	n.m. wind
Volar	v. to fly, fly away, to explode, irritate, pique
Voz	n.f. voice, shout, outcry

Y

| Yacer | v. to lie, to be lying down |